UNE

VIE DE CHANOINE

AU XVIIe SIÈCLE.

ŒUVRES DIVERSES DE MAUCROIX,

PUBLIÉES PAR L. PARIS.

Deux volumes in-12. Techener, Paris, 1854.

Ce grand siècle a déjà été bien des fois étudié : on composerait un volume seulement avec les titres des in-octavos, in-douze, brochures, notices, articles de revue qui ont paru sur cette féconde époque, et pourtant on est bien loin d'avoir dit le dernier mot. Combien y en a-t-il encore de ces personnages, hommes ou femmes, dont la vie présenterait un attrait bien vif pour les lecteurs, et surtout pour celui qui s'en irait fouiller, non pas les recueils imprimés et les mémoires contemporains, mais les correspondances du temps et ces riches portefeuilles de nos bibliothèques, qui, comme ceux de Conrard ou de Vaillant, renferment des trésors de ces anecdotes, de ces détails qui seuls peuvent faire connaître à fond un siècle ; c'est là, en effet, que se trouve la clef de cette énigme, sans cesse expliquée et toujours renaissante, que l'on nomme la société. Il ne faut pas cependant se faire illusion : si c'est une étude intéressante que de réunir en faisceau les principaux évènements de la vie de ces personnages distingués, de la ressusciter en quelque sorte, pour un moment, aux yeux de tous, en faisant voir leurs brillantes qualités comme leurs défauts, avec l'impartialité la plus sévère, on est étonné cependant de la quantité de noms que l'on rencontre : on voit surgir presque à chaque pas des individus à peu près oubliés aujourd'hui et qui ont pourtant joué leur rôle, eu leur instant d'importance ; on ne peut s'empêcher d'être surpris du contraste qui se présente si souvent entre la grandeur du spectacle et la petitesse des acteurs. Le contraste devient encore plus frappant à mesure que les évènements dont il s'agit s'éloignent de nos souvenirs ; on oublie aisément que, dans les scènes qui se développent, personne ne parle ni ne vit plus. On se transporte volontiers au milieu de ces hommes des temps passés ; on les voit agir, on les écoute, puis si l'on veut faire avec eux une connaissance plus intime, si l'on essaie de savoir d'où ces personnages sont venus, ce qu'ils ont été, ce qu'ils ont fait, indépendamment de l'évènement qui nous a frappés, on interroge en vain les biographies, on y trouve à peine une ligne sur ces hommes si vivants tout-à-l'heure. C'est que le plus souvent, comme l'a écrit le plus éminent de nos orateurs, nous ignorons la vraie nature des évènements, leurs causes aussi bien que leurs effets. Mais aussi en travaillant, on triomphe, en partie du moins, de ces difficultés : n'en avons-nous pas, dans ces dernières années, de remarquables preuves? M. le baron Walkenaër, le premier, nous a fait voir ce que l'on peut obtenir d'une de ces biographies historiques; il avait, du reste, choisi un magnifique sujet : que ne peut-on pas dire en parlant de la marquise de Sévigné? Depuis, M. Cousin, abandonnant ses profondes études, nous a présenté son talent sous un jour tout nouveau : les vies de MM^{mes} de Longueville et de Sablé nous font désirer la suite de cette galerie des femmes du XVIIe siècle. Nous ven ns à notre tour apporter notre grain de sable à ce curieux édifice historique, et nous le faisons, grâce à l'intéressante publication de M. Louis Paris, le frère de l'érudit académicien, sur le chanoine Maucroix, l'ami du bon La Fontaine. Nous ne nous attaquerons pas à cette partie éminente de la société, comme MM. Walkenaër et Cousin ; nous nous contenterons aujourd'hui de soulever un coin du rideau trop épais, ce nous semble, qui recouvre encore la vie provinciale au XVIIe siècle; mais du moins le type que nous produisons nous fera voir un des coins les plus curieux et, sans conteste, les plus joyeusement animés.

I.

Dans la maison d'un honnête procureur au bailliage de Noyon naissait, le 7 janvier 1610, un enfant dont la venue était assez médiocrement fêtée : c'était François de Maucroix. Comme il fallait cependant l'accepter, ses parents voulurent bien oublier qu'il était un peu tard arrivé; et comme son aîné avait été destiné à l'église, maître Maucroix, le père, destina François à la carrière du barreau et le plaça dans le collége de Château-Thierry, où il rencontra un jeune homme timide, modeste et distrait qui se prit dès ce moment d'une grande affection pour son condisciple : cet enfant devait être notre immortel La Fontaine. Après un court séjour dans cette ville, Maucroix fut placé dans un des colléges de Paris, y acheva assez rapidement ses études, et commença aussitôt à apprendre le droit, pour satisfaire à la volonté paternelle. A ce moment, l'avocat Patru était comme le roi de la basoche : il aimait à encourager les nouveaux adeptes de la science de Cujas, et accueillit à ce titre François de Maucroix, qui rencontra en même temps chez lui un illustre Champenois, Perrot d'Ablancourt qui, à vingt-deux ans, avait déjà eu deux religions, et qui, adonné aux passions, à la littérature, menait joyeuse vie à Paris. Perrot et Maucroix furent les plus intimes amis de Patru. Toute sa vie, ce dernier entretint une correspondance suivie avec le chanoine de Reims, tandis qu'il soutenait de ses conseils l'académicien et cherchait à défendre aux yeux du monde la facilité avec laquelle il passait du protestantisme au catholicisme, et du catholicisme au protestantisme. Mais Maucroix, avec son humeur frondeuse, alerte, joyeuse, son goût pour les productions de l'esprit, ne devait pas conserver sur son dos la robe noire de l'avocat : il plaida à peine quatre ou cinq fois, avec un médiocre succès, dit-on, et la rejeta très-loin de lui, pour se livrer sans réserve à cette société aimable et élégante qui peuplait alors Paris.

M. de Maucroix paraissait en effet au moment où la littérature se formait en France, après les guerres et les troubles religieux, et se régularisait d'après les sages préceptes de Malherbe, dont un érudit historien a comparé le rôle, dans l'ordre des lettres, à celui de Henri IV dans l'ordre politique. C'est alors que s'établissait ce fameux hôtel Rambouillet, que M. le baron Valekenaër s'est plu à nous faire connaître avec tant d'amour. Ce cercle d'élite fut, dans l'origine, un centre d'opposition polie destinée à combattre indirectement les rudesses de la cour par la pureté du langage et des mœurs. Le duc de Saint-Simon qui, certes, n'est pas assez souvent élogieux pour que l'on puisse trouver son jugement trop complaisant, dit, en parlant de la chambre bleue d'Arthénice : « C'était le rendez-vous de tout ce qu'il » y avait de plus distingué en condition et en mérite, un tribunal » avec lequel il fallait compter et dont la décision avait un grand » poids dans le monde sur la conduite et sur la réputation des per- » sonnes de la cour et du grand monde. » A l'hôtel Rambouillet brillaient en première ligne Balzac, son oracle, et Voiture, son héros; Balzac, orgueilleux jusqu'au point de se retirer du monde pour savoir si le monde regretterait son absence; Voiture, esprit badin, étincelant, ingénieux, aimant à effrayer la pruderie sans la blesser jamais. Puis venait une pléiade nombreuse et brillante : Saint-Evremond, l'abbé de Gondi, l'imperceptible Godeau, évêque de Vence, grave auteur d'un gros volume de poésies chrétiennes et de poésies plus joviales ; le hardi Sarrazin, l'abbé de Montreuil, Ménage, l'éternel amoureux de la marquise de Sévigné qui, voyageant un jour avec la marquise de Lavardin et se permettant de faire le galant et de lui baiser les mains : « Monsieur Ménage, lui dit-elle, vous vous recordez pour madame de Sévigné ? » Chapelain, Conrard qui devait organiser l'Académie française et commencer le fameux dictionnaire ; Vaugelas et Richelot, ses deux principaux aides dans ce grand travail ; l'abbé d'Aubignac, Dupuy, Tallemant des Réaux, seul représentant de la gaîté rabelaisienne ; d'Alibray, qui chantait le verre en main ; Furetière, depuis si tristement célèbre ; Pelisson, qui débarquait du Midi ; Benserade, les deux Corneille et une foule d'autres noms connus alors, et parmi lesquels on reconnaissait La Fontaine, qui se préparait en silence à s'emparer d'un des trônes de ces Champs-Elysées de l'esprit.

C'est dans ce milieu d'élite que débuta Maucroix, et on conçoit sans peine, les charmes qu'il y trouva et l'abandon avec lequel il s'y livra. Dès ce moment, c'est-à-dire dès 1634, il se mit à rimer. Mais on le voit d'abord suivre trop les errements de l'époque. Il y a dans ses premiers vers de la recherche de Voiture, de la prétention de Racan et de l'afféterie de Godeau ; du reste, il suivait le courant des idées du jour et nous apprend lui-même qu'il faisait ses délices de l'*Astrée* du marquis d'Urfé, *l'Astrée* ce père de nos romans, dont la vue seule ébranlerait le courage du plus vaillant. Maucroix aimait aussi avec ardeur la vie que menaient alors tous ces beaux esprits, si élégants, si bien tenus dans les salons, mais qui, en dehors de cette société dont ils faisaient les délices, redevenaient aussi débauchés que leurs ancêtres de la Ligue : c'était alors l'apogée de la gloire des cabarets. Les orgies, malheureusement, étaient rarement séparées de la littérature et de la poésie. Le vin était la muse de ces joyeux compagnons ; ces longues stations à table excitaient leur verve et donnaient essor à cent brillantes improvisations. On trouvait Bois-Robert et Saint-Evremond, Puimorin, frère de Despréaux, la Serre, aux *Trois-Ponts-d'Or* ; Mairet, Saint-Pavin et Benserade au cabaret du *Bel-Air*, où ils faisaient des bouts-rimés avec de Lyonne. La rue du Vieux-Colombier avait encore meilleure compagnie : Boileau, Molière, Racine et La Fontaine se réunissaient là trois fois par semaine dans le voisinage d'un bruyant cabaret fréquenté par les chantres de Saint-Sulpice. C'est dans ces réunions que la *Pucelle* de Chapelain restait sur la table, et celui qui s'était rendu coupable d'une faute contre les statuts était condamné à en lire quelques lignes ou quelques pages, selon la gravité du méfait. Maucroix devait être nécessairement de cette compagnie, où le bon La Fontaine commençait à se faire connaître. Malheureusement, Maucroix ne pouvait pas longtemps mener une vie aussi en désaccord avec ses faibles ressources pécuniaires, puisqu'il faut dire tout nettement le mot ; malgré les instances de ses plus intimes, Tallemant des Réaux, Conrard, Patru, Pélisson et La Fontaine, notre futur chanoine eut le courage d'écouter la voix de la raison, de rompre franchement avec cette existence de Bohême et d'accepter en province la position que lui avait procuré son père. Maucroix partit donc un matin par le coche qui faisait alors, lentement et péniblement, le trajet de Paris à Reims, et débarqua dans la ville du sacre pour aller prendre soin des affaires, par trop négligées, de Robert de Joyeuse, baron de Saint-Lambert, lieutenant du roi en Champagne. M. de Maucroix, jeune, spirituel, tournant joliment les vers, ayant pris l'air du grand monde à Paris, n'eut pas de peine à s'attirer les bonnes grâces de Mme la baronne de Saint-Lambert, née Cauchon de Maupas, d'une des meilleures familles du pays. Mme de Joyeuse, encore jolie quoique déjà un peu sur le retour, appartenait à la société des précieuses et devait avoir hanté l'hôtel Rambouillet ; elle jouait de la harpe, faisait aussi des vers et tenait, à Reims, ce qu'en langage de précieuses, on appelait un bureau d'esprit. On comprend qu'elle fut heureuse de trouver, dans le nouveau venu, un secrétaire, et elle l'emmenait avec elle à Paris et à ses châteaux du Thour, de Saint-Lambert ou de Grandpré. Maucroix s'en accommodait fort bien de son côté, et s'acquittait également, à son avantage, de ses diverses missions, soit qu'il plaidât pour le mari, qu'il fît de la musique ou des vers avec madame, ou qu'il rédigeât les procès-verbaux des choses spirituelles qui se débitaient dans cette succursale du salon d'Arthénice. Du reste, il était dans la plus grande intimité avec la baronne de Saint-Lambert, car elle le tenait au courant des infidélités du baron, et ce n'était pas un court chapitre, au dire de l'indiscret Tallemant des Réaux qui en était évidemment informé par Maucroix. Une des premières poésies de ce dernier, adressée tout franchement à Mme de Joyeuse-Maupas, nous en donne la preuve, alors que M. de Joyeuse entretenait grandement, à Reims, une jolie fille nommée Toussine, qu'il avait fait venir de Paris :

> Le chapitre, depuis deux jours,
> A fait sonner ses gros tambours ;
> Ses tambours ou ses grosses cloches,
> Instruments à rompre caboches ;
> Le tout par un pieux dessein
> De faire honneur à la Toussaint,
> A la Toussaint, non à Toussine,
> Là, Là, n'en faites pas la mine !

Mais tandis qu'il raillait sur les fredaines de M. de Joyeuse, tandis qu'il émerveillait la société rémoise par la vivacité de son esprit et qu'il oubliait presque ses amis de Paris, en se voyant le roi des beaux esprits de Reims, Maucroix se laissait, presque malgré lui, subjuguer par les charmes de la fille de son hôte, Henriette de Joyeuse. « Elle » avoit de l'esprit, nous apprend Tallemant des Réaux, chantoit jo- » liment, étoit de la plus fine taille qu'on pût voir, avoit les yeux

» admirablement beaux; » puis il ajoute : « elle n'avoit que quatorze
» ans quand Maucroix sentit qu'il avoit de l'inclination pour elle;
» mais comme ce garçon est bien fait, a beaucoup de douceur et
» beaucoup d'esprit, et tourne aussi bien des vers et des lettres que
» personne, à quinze ans, elle eut de l'inclination pour lui. » Tallemant oublie d'ajouter qu'elle était effroyablement coquette. Au début,
Maucroix se montra discret et respectueux, dissimulant son amour,
comprenant bien qu'il existait entre lui et elle une barrière à jamais
infranchissable :

> Sans entrer dans la question
> Si je suis fol, si je suis sage,
> Je ressemble à Pygmalion,
> Je suis amoureux d'une image.

Mais cette réserve ne dura pas; par sa position dans la maison,
Maucroix était l'âme de toutes les fêtes qui se donnaient; il n'y en
avait pas sans lui, et il pouvait aisément y ménager des tête-à-tête
auxquels Henriette se prêtait de la meilleure grâce du monde. M. de
Joyeuse était trop occupé pour faire attention à ce petit roman nais-
sant, et Mᵐᵉ de Saint-Lambert, adroitement abusée par Maucroix,
prenait pour elle la plupart des hommages adressés à sa fille : ni l'un
ni l'autre, d'ailleurs, ne songeaient à la possibilité d'une mésaillance,
et ils laissaient en paix nos deux jeunes gens apprendre ce roman
éternel de l'amour. Cependant M. de Maucroix devenait, je crois,
moins réservé ; il se plaignait des longues absences d'Henriette, qui
s'amusait au Thour tandis que, retenu par des affaires, il s'ennuyait
à Reims; puis, quand elle revint, il ne semble pas qu'elle fut très-
complaisante pour notre poëte, car il s'écrie avec dépit :

> J'ai passé deux mois sans la voir :
> Et durant cette longue peine,
> Je me consolais de l'espoir
> Qu'elle reviendrait plus humaine,
> Après bien des vœux, la voilà,
> Mais sa cruauté continue :
> Philis épine s'en alla,
> Philis épine est revenue !

Et plus loin :

> Que ta mère prend de souci
> De nous venir chercher ici !
> Cette jalouse, en son absence,
> Craint sans doute pour ta vertu,
> O ma belle Iris, que n'es-tu
> Aussi volage qu'elle pense !

Et pourtant Henriette me semble quelque peu volage : un jour,
c'est Tallemant des Réaux qui parle, elle feignit de se trouver mal,
afin de laisser sortir sa mère et de demeurer seule avec Maucroix.
Mais au plus beau moment de cette passion, au moment où Maucroix

croyait atteindre au comble de ses vœux et adressait à sa Philis ces vers charmants :

> Je t'embrasserais plus de fois
> Que d'oiseaux ne chantent aux bois,
> Que de perles n'a la rosée,
> Que les hivers n'ont de glaçons,
> Que ta mère n'a de soupçons,
> Cette jalouse si rusée !......

il apprit qu'à l'insu presque d'Henriette, ses parents venaient de la fiancer au marquis de Lenoncourt, jeune, beau, brave cavalier, et de plus l'héritier d'un des quatre grands chevaux de Lorraine (1643); les fiançailles se firent solennellement à Reims, sous les yeux du pauvre Maucroix, qui écrivait le soir de ce triste jour :

> Votre cœur, ma Philis, n'est pas fait pour aimer.
> Un autre plus heureux, moins amoureux peut-être,
> Trouvera le secret de s'en rendre le maître :
> Oui, ce cœur insensible à mes tendres soupirs
> Succombera peut-être à de faibles désirs.
> . . . .
> Cependant à mes vœux soyez douce ou rebelle,
> Rien ne peut m'empêcher de vous être fidèle.

Mais tout d'un coup le marquis de Lenoncourt reçut l'ordre, à l'annonce des hostilités, de regagner à la hâte son gouvernement de Lorraine; le mariage fut ajourné, et comme si tout conspirait contre notre malheureux amoureux, Lenoncourt vint le trouver la veille de son départ et le prier affectueusement de lui rendre le service de lui improviser un sonnet, qu'il devait remettre à Henriette comme de lui. Maucroix s'exécuta de bonne grâce, mais s'en vengea par cet impromptu :

> Ce petit noble, ou soi-disant,
> Fait grandement le suffisant,
> Et nul ne le vaut, ce lui semble.
> Quant à moi, je ne pense point
> Qu'on puisse être un sot de tout point,
> Jusqu'à ce qu'on lui ressemble.

Puis il quitta Reims. Après une étape à Château-Thierry, Maucroix en repartit avec La Fontaine, et vint à Paris, où il fut fêté par ses anciens amis, comme l'enfant prodigue; on tua le veau gras au cabaret de la rue du Vieux-Colombier, et on ne négligea aucun moyen de guérir la blessure de l'amoureux de Mlle de Joyeuse, dont la figure, raconte Tallemant des Réaux, se montrait triste et morose au milieu de celles de ses joyeux compagnons. Il devint même amoureux d'une assez jolie fille, dont la sœur aînée, toujours à en croire l'auteur des *Historiettes*, s'éprit pour Maucroix :

> Mais comment veux-tu que je t'aime?
> Ton père n'était qu'un bourgeois !
> . . . .
> Je n'engage ma liberté
> Qu'aux filles de qualité !

C'est à cette occasion que, pressé par ses amis qui l'engageaient à se marier, Maucroix écrivit cette petite pièce, la plus connue de toutes celles qui ont été publiées :

> Amis, je vois beaucoup de bien
> Dans le parti qu'on me propose ;
> Mais toutefois ne pressons rien !
> Prendre femme est étrange chose !
> Il faut y penser mûrement :
> Sages gens, en qui je me fie,
> M'ont dit que c'était prudemment
> Que d'y songer toute la vie !

Peu de jours après, notre poëte lisait dans la *Gazette* une nouvelle qui le transportait d'espérance : Le 25 juin 1643, au siége de Thionville, le marquis de Lenoncourt, venant pour la seconde fois de Nancy au camp, voulut examiner l'état de la place par une embrasure de la batterie où il se trouvait, et il reçut aussitôt une balle dans l'œil, qui le renversa mort. — Aussitôt, il abandonne Paris, reprend le coche, arrive à Reims, trouve une excuse pour rentrer chez M. de Joyeuse, et fait si bien comprendre à Henriette qu'à son sens il valait mieux

> Mourir entre ses bras que dans une tranchée,

que, dans un grand nombre de poésies de ce moment, nous le voyons à chaque instant exprimer sa joie et son contentement. Mais cette joie fut d'une courte durée. Pendant ce temps, Maucroix ne perdait pas de vue ses amis de Paris. Une correspondance active avec Tallemant des Réaux mettait cet infatigable chroniqueur au fait de tous les cancans de la province, et c'est ce qui explique, soit dit en passant, le grand nombre de récits champenois que l'on rencontre dans les *Historiettes*. Maucroix écrivait à Cassandre des lettres en vers où il lui contait aussi les nouvelles rémoises Une fois entre autres Cassandre lui donna, à ce qu'il paraît, une description de Paris qui aurait pu paraître écrite d'hier, car Maucroix lui répond :

> Maintenant, pour venir au fait,
> Sache que je suis satisfait,
> Mon très-aimé monsieur Cassandre,
> Du soin que tu daignes bien prendre
> De m'écrire ordinairement
> Quel est ton divertissement.
> Or, ami, puisque tes délices
> Sont à voir bâtir édifices,
> Que puisse Paris tout entier
> Devenir un grand atelier !
> Puisse-t-on ne voir par les rues
> Que promener engins et grues ;
> Qu'il se fasse en chaque quartier
> Un profond étang de mortier ;
> Et que de mort soit jugé digne
> Qui ne bâtit en droite ligne !

Il adressait aussi à Conrard et à Patru des odes qui sont ses meilleurs titres de noblesse poétique. Il entretenait enfin une correspondance rimée avec Tallemant, sous le nom d'Artibel, et avec sa femme, sous celui de Rosaliane. Comme on le voit, Maucroix, quoiqu'en province, s'était ménagé une existence assez agréable. L'évènement vint bientôt renouveler ses douleurs : Henriette de Joyeuse fut brusquement accordée, fiancée et mariée (24 juin 1646) au marquis de Brosse, « homme affreux, roux, brutal, et qui ne rache- » tait ses difformités et ses vices par aucune qualité aimable. » Maucroix, retiré alors chez son frère, depuis dix ans chanoiné de Reims, se soumit à son sort. Quoi qu'en ait dit son spirituel et consciencieux biographe, je pense que le mariage de Mlle de Joyeuse contribua plus qu'il ne le croit à déterminer notre héros à embrasser l'état ecclésiastique. Certes, pour Maucroix, dénué de fortune et ne voulant plus rien demander à la famille de Saint-Lambert, un canonicat lui assurait une existence tranquille et aisée; mais cependant, si cet évènement ne s'était pas accompli, il n'aurait nullement songé à prendre place dans une des stalles de la cathédrale du sacre. Malgré ce caractère léger, joyeux, insouciant et badin, Maucroix aimait sérieusement Henriette de Joyeuse : à défaut d'autres preuves, j'en trouverai le témoignage dans cette lettre qu'il écrivait quarante ans plus tard et où il exprime sa joie d'avoir découvert un portrait de Mme de Brosse et d'avoir pu en faire faire une copie. Ce n'était donc pas un sentiment passager pour avoir survécu à un si grand nombre d'années, et j'y vois la cause déterminante qui fit entrer Maucroix dans les ordres sacrés, sans que pour cela, bien entendu, il renonçât à sa gaîté rabelaisienne, tant s'en faut.

II.

François de Maucroix fut installé dans son canonicat le 8 avril 1647, dix mois après le mariage de Henriette. Ce changement de vie ne le transforma nullement; il lui donna, au contraire, plus d'importance dans la ville et le mit encore plus en relief. Il s'installa dans une petite maison de la rue Saint-Étienne, près la place Godinot, et y reçut les beaux esprits de Reims, car il y en avait alors. La ville, du reste, ne ressemblait pas à ce qu'elle est aujourd'hui : elle avait cette mine pittoresque des vieilles cités, que l'on aime tant à se retracer; ses rues étaient plus étroites; l'une d'elles traversait Reims dans toute sa longueur sous différents noms, et en la parcourant, on voyait l'abbaye de Saint-Pierre-les-Noues, les marchés aux draps et au blé, la place aux chevaux, la maison de ville alors inachevée, le présidial et le cabaret du *Saumon-de-Hollande*, rendez-vous de la société rémoise; le lieu de promenade des bourgeois était la place de la Couture, où se tenaient les foires, et qui était toute entourée de maisons soutenues par des arcades et formant des galeries où l'on causait des nouvelles du jour et de la politique. C'est là que chaque jour se réunissaient l'abbé de Maucroix et quelques-uns de ses confrères, comme son frère, M. l'abbé Favart, le poëte Baussonnet et son ami Dorat, de Limoges, Henri Cauchon de Maupas, alors abbé de Saint-Denis et bientôt évêque du Puy, les graveurs Colin et Nanteuil, la gloire du burin français, le peintre Hérard, que La Fontaine nous a fait connaître en mettant en vers un tour joué par Mme Hérard à deux jeunes gens qui la poursuivaient. Quelquefois aussi des dames, *précieuses* provinciales, se joignaient à ces messieurs. Mme Willot, femme d'un contrôleur au grenier à sel; Mme Pinguis, femme d'un conseiller au présidial; Mme d'Aubeterre, Mme de la Framboisière et quelques autres dont nous verrons les filles réjouir la vieillesse de notre brave chanoine. On avouera que cette société, quoique bien différente de celle de l'hôtel Rambouillet, avait encore son charme, surtout pour l'abbé de Maucroix qui en était, en quelque sorte, le Voiture, qu'on écoutait, qu'on admirait et qui était alors entouré d'une sorte de respectueuse compassion, à cause de ses déboires amoureux et de la conduite qu'il avait tenue en des circonstances souvent difficiles à traverser.

Jeune comme il était encore, habitué au monde, connaissant dans ses moindres détails tous les secrets de la conversation, il n'avait pas eu de peine à s'ériger en censeur du goût à Reims; sa maison était devenue le bureau d'esprit de la ville; on répétait avec orgueil les petits vers qu'il daignait improviser; on se passait avec empressement les petits billets qu'il voulait bien tracer. Les femmes surtout lui faisaient une cour assidue, et l'abbé de Maucroix, cependant, se faisait longtemps prier pour écrire un madrigal, non qu'il fût embarrassé de le trouver, mais parce qu'à cette époque, sa plume aimait mieux tracer des épigrammes mordantes contre les femmes que leur accorder des louanges. Du moment où il prit place dans le chœur de Notre-Dame, il sembla avoir juré de donner un libre cours à son humeur satirique contre les dames; et c'est de ce moment, en effet, que nous voyons dans ses poésies un grand nombre de pièces spirituelles sans conteste, mais dont la liberté, j'ai presque dit le cynisme, font tache à côté de la bonhomie de Maucroix et de sa parfaite éducation. Il ne faut pas en croire à ce sujet Furetière qui, se figurant qu'il est devenu provincial encroûté, lui écrit :

> Cliton, fainéant très-illustre,
> Tu dois être devenu rustre,
> Depuis un an ou douze mois
> Qu'étant au pays champenois,
> Oisif et les mains dans les poches......etc.

En ce moment, en effet, la pauvre Champagne jouissait d'une triste réputation; on en trouve des preuves dans la correspondance de Perrot d'Ablancourt avec son ami Patru. Forcé de s'absenter assez

souvent de Paris pour surveiller ce qui se passait dans sa terre
d'Ablancourt, Perrot se plaignait toujours de ne trouver avec qui
parler, et traitait avec une rare impertinence les villes de Châlons et
de Vitry, où il était obligé de séjourner quelquefois : « Après tout, »
écrit-il à son ami, « il me serait bien difficile, habitant Paris, de
» souffrir l'entretien d'une provinciale; c'est hors de ma puissance,
» et je ne connais qu'Alcibiade qui put manger du pain bis et du
» potage noir de Lacédémone, après avoir goûté les délices d'Athènes. »

Un autre jour, parlant des gens d'affaires qui le forçaient à pro-
longer son séjour à Vitry, il lui échappa une boutade encore plus
rude et plus piquante : « Il est trop vray, mon cher ami, que si
» c'étoient des personnes raisonnables à qui j'eusse affaire, il y a plus
» de quinze jours que j'en serois venu à bout; mais il n'y a rien de
» plus véritable que ce que tu me mandes, qu'ils n'ont d'hommes
» que le visage; et quand j'ai bien considéré leurs actions, je me
» mets en colère contre les philosophes de l'antiquité, de ce qu'ils
» n'ont séparé l'animal qu'en deux espèces; car il me semble qu'ils
» devoient en établir une troisième pour ceux qui ont le corps fait
» comme les hommes, et qui n'ont sur la bête que l'avantage de
» savoir augmenter et soulever des ennuis. » Tout ceci est de l'exa-
gération et je puis assurer que, quelque éminent que fût Perrot
d'Ablancourt, il pouvait trouver avec qui parler : pour ne citer que
ses compatriotes contemporains, je dirai les noms de Colbert et de son
oncle le conseiller d'Etat Pussort, l'ennemi de la chicane, célébré par
Boileau; du cardinal de Retz; du père de la Salle, fondateur des écoles
chrétiennes; du père Lallemand, chancelier de l'Université de Paris;
des bénédictins Mabillon et Marlot, de l'académicien Richelet, du
maréchal de Joyeuse, des érudits Ranissant et Oudinot, des ministres
réformés Edme Aubertin et David Blondel. Perrot d'Ablancourt
oublie lui-même qu'il est Champenois, quand il se permet d'en dire
tant de mal.

Maucroix, cependant, n'avait pas une foi assez vive, une vocation
assez puissante pour oublier le temps passé; et bien des fois le souvenir de Mme de Brosse venait le troubler au milieu des offices; elle,
de son côté, dégoutée d'un mari qu'elle n'avait jamais aimé, et entourée de nombreux adorateurs qui se montraient d'une ardeur in-
quiétante, elle se ressouvint aussi de Maucroix et le pria de venir la re-
trouver à Grandpré, dans les Ardennes, pour lui donner des conseils.
Notre chanoine ne se le fit pas dire deux fois, et, abandonnant le
chapitre, ses confrères et le beau monde de Reims, ne fit qu'un saut
jusque dans cette pittoresque vallée que dominait, il y a peu d'années
encore, le beau château des comtes de Grandpré. Tallemant des Réaux
nous donne les détails les plus circonstanciés de cette entrevue et
nous rassure tout d'abord, en nous apprenant que Maucroix devint
aussitôt l'inséparable de M. de Brosse, qui avait grand besoin de ses
avis pour remettre quelque peu d'ordre dans ses affaires; mais il était

bien autrement l'inséparable d'Henriette, qui lui permettait certaines privautés, mais qui jusqu'à la fin, je crois, put lui répondre comme Mme de Sévigné à Ménage, lui disant après une longue et intime conversation : « Je suis actuellement votre confesseur et j'ai été votre martyr ! — Et moi votre vierge ! « répliqua-t-elle gaîment.

Cependant tout n'était pas rose pour le chanoine de Reims ; Maucroix était rien moins que brave, et il était allé précisément se loger près des frontières, au moment où l'archiduc Léopold, assiégeant Landrecie, menaçait ces parages ; de plus, il était chez le comte de Grandpré, amoureux déclaré de sa belle cousine Henriette et qui, jaloux des succès de l'abbé, ne négligeait rien pour lui faire faire pénitence et multipliait dans les promenades les alertes les plus invraisemblables assurément, et dont Maucroix était toujours la dupe. Il s'en console en racontant ses alarmes à son ami Cassandre :

> . . . . . . Voudrais-tu savoir
> Ce que je fais matin et soir.
> Depuis la fameuse journée
> Que la perverse destinée
> M'a fait voisin de Landreci,
> Je ne manque pas de souci,
> Toujours je crains pour la Champagne
> Les rouges escadrons d'Espagne,
> Et m'est avis que les Wallons
> Courent déjà sur mes talons.
> Mais je jure sainte Brigide
> Si devant nous ils tournent bride,
> Que les drôles ne m'auront pas
> Si leurs chevaux ne vont bon pas.
> Quelque sot attendrait ces drilles
> Plus malfaisants que des chenilles.
> Tu vois par ce vaillant discours
> Que je me ressemble toujours,
> Et que mon habit, cher Cassandre,
> Ne cache point un Alexandre.
> Chacun a son humeur, dit-on,
> La mienne est d'être un peu poltron ;
> Cela sied bien aux gens d'église,
> Aussi j'ai pris pour ma devise :
> Courir bien et partir à point
> Sauve le moule du pourpoint.

Maucroix demeurait cependant, parce qu'il était avec la marquise sur un pied d'intimité bien inquiétant ; le marquis, toutefois, n'avait aucun soupçon. Quand M. de Joyeuse écrivit à sa fille pour la blâmer de la passion qu'elle laissait voir, lui rappelant qu'elle avait su éconduire M. de Cinq-Mars et qu'il serait indigne d'elle de céder à un chanoine, Maucroix prit la balle au bond, alla tout raconter à M. de Brosse en lui annonçant son départ pour faire cesser tous ces méchants bruits ; le marquis donna dans le panneau, s'emporta contre son beau-père qui voulait, disait-il, le tyranniser, et força notre chanoine à demeurer. Maucroix était assez triomphant après cela, quand tout d'un coup Henriette se fit enlever par sa cousine, la marquise de Mirepoix, et alla à Paris s'étourdir dans un océan où sa faible vertu dut sombrer plus d'une fois.

Maucroix revint tristement à Reims, se vengeant avec des épigrammes, se consolant en faisant de la politique et se déclarant frondeur, parti dans lequel du reste, il était tout naturellement entraîné par ses amis de Paris. Dans une épitre à Tallemant des Réaux, il traite de la situation du pays et de la conduite de Mazarin avec une hauteur de vues, une animation qui surprend. Mais ne croyons pas que Maucroix prit part aux mouvements excités alors à Reims par les frondeurs : il tenait trop « au moule du pourpoint », et je suis sûr que ces journées de trouble étaient celles où on le trouvait lisant le plus dévotement son bréviaire. C'est à peu près vers cette époque que Maucroix dut recevoir chez lui la marquise de Brosse, malade, abandonnée par son mari, dénuée de ressources ; et c'est chez lui qu'elle mourut, lui avouant que les plaisirs de Paris n'avaient pu la distraire et qu'elle l'aimait toujours (1649). Ce pauvre Maucroix fut longtemps à se consoler, si longtemps même que, quoi qu'en ait dit l'indiscret Tallemant, trente ans après il écrivait :

> Je ne veux point vanter ses charmes,
> Ni son esprit, ni sa douceur :
> Qu'on en juge par la longueur
> De mes regrets et de mes larmes.

L'année suivante, Maucroix alla passer son hiver à Paris, chez Tallemant, et se distrayait un peu en rimant à l'honneur de la belle Rosaliane, la femme de son ami.

Il semble à ce moment avoir recouvré sa gaîté et se moque agréablement de madame des Réaux, qui se trouvait grosse, et de son enfant qui

> Danse même avant qu'il soit né
> Et fait gambades par douzaines.

Il l'engage à prendre plus de repos :

> Marchez droit comme une épousée,
> Soyez aussi sage et parée
> Que dans l'hôtel de Rambouillet,
> Ou qu'une crieuse de lait.

Ce fut encore un bon temps passé avec ses joyeux compagnons, parmi lesquels nous faisons connaissance avec Le Pailleur, mathématicien spirituel, mais très-original, trop viveur, et l'un des piliers des cabarets les plus en renom de l'époque. Néanmoins, Maucroix revint à Reims à la fin de l'année, pour s'exposer à de nouvelles alarmes. L'arrestation des princes venait de donner une nouvelle force à la Fronde, et Reims était plus inquiétée que toute autre ville par sa proximité de Bouillon, le centre principal des menées des rebelles ; la place même, environnée d'ennemis, était bien prête d'être enlevée, quand le maréchal de Praslin vint avec des troupes suffisantes y tenir garnison, pour raffermir la fidélité des habitants de Reims, et Mazarin s'y rendit lui-même. Maucroix crut prudent de s'éloigner à la venue de l'Eminence, et alla encore une fois demander asile à Tallemant des Réaux. Il se hasarda à reprendre possession de sa stalle à l'occasion du sacre et écrivit, à cette occasion, une pièce de vers des plus royalistes. Mais, en même temps, il avait à regretter les changements que les troubles avaient apporté à son existence en brisant quelques-unes de ces liaisons auxquelles il tenait tant. Heureusement que, cette même année, une fille de la marquise de Rambouillet, Isabelle d'Angennes, venait comme abbesse de l'abbaye de Saint-Etienne de Reims, et très-promptement Maucroix se posa son cavalier servant. Quelques méchantes langues ont même, à cette occasion, prononcé le mot d'amour; mais comme Tallemant ne dit mot à ce sujet, je ne veux pas me montrer plus malveillant que lui. Cette liaison, dans tous les cas, mit de Maucroix en relation avec la divine Arthénice, ce qui me ferait croire que, pendant son séjour à Paris, Maucroix fut admis à l'hôtel Rambouillet; il lui écrivit en 1655, une épitre en vers badins, pour la prier d'engager sa fille à avoir plus soin de sa santé, à devenir plus sage.

> Nous entendons par être sage
> Qu'elle mange bien son potage,
> Qu'au matin elle prenne un œuf,
> Mange à diner mouton et bœuf,
> Soupe à peu près comme sa nièce,
> Fasse la nuit tout d'une pièce
> Et dorme jusqu'au point du jour.

Arthénice ne dédaigna pas de répondre pour ordonner

> .... qu'à cette mutine
> On donne bien la discipline.

Cette intimité entre la jeune abbesse et le chanoine semble avoir complètement rajeuni les idées de ce dernier : les madrigaux, les épigrammes un peu décolletées entre gens d'église, tombent en foule de sa plume : quelques-uns, adressés à la belle Mademoiselle d'Angennes, feraient croire qu'elle se prêtait avec la plus grande complaisance aux amabilités de l'aimable chanoine. C'est à ce moment qu'il prit même quelques-unes des habitudes de l'hôtel de Rambouillet; il donne à toutes ses amies des surnoms; ses madrigaux ne sont plus adressés qu'à Iris, à Philis, Papelle, surtout à Bérénice, sa gracieuse abbesse ; et quelques lettres qui sont parvenues jusqu'à nous rappellent ses excursions dans le pays du Tendre. Et lui, il se nommait alors Tiridate, et écrit un jour que sa gentille correspondante l'engageait à se chercher une Marianne : « Vous me mandez, lui dit-il, » que je cherche une Marianne ! mais, ma belle *marraine* (c'est elle » qui lui avait donné le surnom de Tiridate), si vous me permettiez

» de transposer seulement une lettre de votre nom, j'en aurais bien-
» tôt trouvé une, et de ma marraine je ferais aisément ma Marianne.
» La rencontre est heureuse et n'est pas difficile. » Ce qui me ferait
penser qu'il se montra un peu plus hardi qu'il n'aurait dû, c'est
qu'il répond ceci à sa chère Bérénice : « Ma belle marraine, je n'ap-
» pelle point de l'austérité de vos règles : si ce n'est assez de la ré-
» primande qu'on m'a faite, ordonnez qu'on en fasse une seconde ; je
» me soumets à tout. » Mais l'abbesse de Saint-Étienne n'était pas le
seul objet de ses compliments, et quand elle quitta Reims, je le vois
courtiser à la fois la marquise de Rothelin, la comtesse de Lhéry,
Mme de Beaujeu, Mme de Riscaras, Mme Resilli et bien d'autres avec
lesquelles il entretient un badinage qui donne beaucoup à penser sur
le compte de ces dames, à moins qu'on ne l'excuse à cause de ce bon
vieux temps où l'on aimait à tout nommer par son nom sans pour
cela en faire plus de mal : on faisait même moins de mal que dans
notre siècle de pruderie où seulement, comme l'a dit Musset, nous
rinçons avec affectation nos verres, et nous nous cachons pour com-
mettre ce péché

> ....dont pouffaient nos aïeux.

C'est dans cette période de sa vie que Maucroix a le plus rimé, et
à mesure qu'il avançait en âge sa muse devenait plus rabelaisienne.
il semble cependant vouloir s'excuser de ce badinage réellement trop
long dans un homme de sa condition, et s'écrie dans un moment
d'expansion :

> A ne vous rien dissimuler,
> Nous sommes d'humeur bien contraire :
> Vous le faites sans en parler,
> Et moi j'en parle sans le faire.

Du reste, il allait bientôt abandonner pour quelques années sa vie
paisible et oisive, et se lancer presque malgré lui dans la politique.
Avant, en 1656, il reçut durant tout l'hiver La Fontaine chez lui, et
de bonnes journées se passèrent dans la compagnie des artistes de la
ville qui, comme Hélart, Regnesson, Colin, Nanteuil et d'autres se
réunissaient chez Maucroix comme chez leur patron naturel. La Fontaine paraît avoir conservé un bon souvenir de son hiver, car quelques
années plus tard il écrivait :

> Il n'est cité que je préfère à Reims ;
> C'est l'ornement et l'honneur de la France :
> Car, sans compter l'ampoule et les bons vins,
> Charmants objets y sont en abondance ;
> Pour ce point là je n'entends, quant à moi,
> Tours ni postaux, mais gentilles Galloises,
> Ayant trouvé telle de nos Rémoises
> Friande assez pour la bouche d'un roi.....

Mais la guerre recommença dans les Ardennes, et le bon de La

Fontaine, aussi prudent que ses amis, regagna en toute hâte Château-Thierry, où il avait d'ailleurs besoin de vendre quelques bribes de son patrimoine pour couvrir les dettes déjà criardes qui auraient pu lui rendre le séjour de Paris aussi dangereux que celui de Reims, menacé par les bandes de M. de Montal.

III.

La Fontaine et Pelisson avaient souvent parlé de M. de Maucroix au surintendant Fouquet, et en termes assez favorables pour que ce dernier, ayant besoin d'un homme habile pour mener une négociation secrète, jetât les yeux sur le chanoine de Reims. Rome alors, par suite de la conduite de Mazarin, qui venait de mourir, était assez en froid avec la cour de France, et Fouquet, qui songeait à succéder au ministre italien, voulait faire cesser cet état de choses en disposant à l'avance le souverain pontife en sa faveur; mais il désirait tenter cette négociation très-secrètement et au moyen d'un homme inconnu et qui, quoique adroit et insinuant, n'eût aucun précédent dans la politique; il songea alors à Maucroix qui, mandé par Pelisson, se rendit aussitôt à Fontainebleau. Un incident fâcheux vint, au moment du départ, entraver ces préparatifs. Le ministre Le Tellier proposa un autre envoyé, mais à la fin Fouquet fit prévaloir son choix, et Maucroix, sous le nom pompeux d'abbé de Cretry, titre d'un petit prieuré des Ardennes dont il avait le bénéfice, partit avec la mission prétendue d'acheter des tableaux et autres objets d'art pour le compte du surintendant, et la mission secrète, autorisée par le roi, de tâter le terrain et de faire connaître les dispositions de la cour de Rome et les moyens de triompher de sa froideur. Ce voyage ne fut qu'un long déboire pour notre pacifique chanoine : à peine était-il arrivé que la catastrophe de Vaux éclata; Fouquet fut mis en prison avec la plupart de ses amis; Maucroix revint en toute hâte, fut appréhendé, interrogé. Le surintendant raconta en grand détail tout ce qui pouvait innocenter son malheureux négociateur, qui sortit sain et sauf de cette bagarre et revint à Reims reprendre sa vie paisible et ignorée. On trouve à peine mention de cette malencontreuse expédition dans ses papiers, soit qu'il ait craint d'en parler, soit que lors du procès il en ait fait disparaître les vestiges; une seule lettre adressée à mademoiselle Pinguis en dit quelques mots insignifiants. Ce repos ne devait pas être de longue durée : les chanoines de Notre-Dame choisirent Maucroix pour leur sénéchal, charge dont le titulaire avait la mission de défendre les intérêts temporels de la compagnie et d'intervenir dans toutes les questions con-

tentieuses. Maucroix prit, du reste, ses fonctions au sérieux, et quand
— comme cela arriva souvent — Messieurs du chapitre et Messieurs
du présidial avaient quelques démêlés ensemble, on le voit se draper
dans sa dignité, courir à Paris près du parlement, si c'était néces-
saire, et traiter de puissance à puissance avec M. le premier prési-
dent de Reims. Mais ce furent de bien plus grands démêlés, quand le
cardinal Antoine Barberini eut été installé à l'archevêché (1667). Ce
prélat étranger, qui se voyait élevé au siége le plus envié de France,
par la seule protection de son oncle, le pape Urbain VIII, fut reçu
avec regret à Reims, et surtout avec malveillance par le chapitre.
Ce fut une série de contestations perpétuelles, et il est vraiment plai-
sant de suivre, dans les mémoires de notre chanoine, la gravité
avec laquelle ses confrères cherchaient à repousser les empiètements
du cardinal italien, et cela dès le premier jour; car il y eut alors
une vive contestation pour le placement d'un dais dans la cathédrale,
que Barberini exigeait et que les chanoines n'autorisèrent que comme
forcés et contraints, et pour éviter une esclandre aux cérémonies de
Noël. M. de Maucroix se montre un tout autre homme : il est grave,
actif, dévoué aux intérêts du chapitre, soutenant ses priviléges et
sans cesse en conférence avec le confesseur du cardinal pour éviter
quelques nouveaux désagréments à sa compagnie. Pourtant les
affaires finies, rendu le soir à sa société mondaine, il rimait de plus
belle, sans respect pour l'éminence italienne. Enfin, une rupture
complète divisa l'archevêque et ses chanoines, au sujet d'un *Te
Deum* chanté à l'occasion de la conquête de la Franche-Comté, et
auquel Barberini ne voulut pas assister parce que, selon lui, le chapitre
avait agi sans prendre ses ordres. Maucroix ne quitta le sénéchalat
qu'en juillet 1669, et sans regret probablement, car depuis le 21
décembre précédent, il était brouillé avec son archevêque : « Ayant
» été lui rendre compte d'un acte qu'il demandait au chapitre,
» Monseigneur s'emporta fort contre moi et me dit des choses fort
» fâcheuses, ce qui me surprit extrêmement, ayant tâché de suivre
» ses intentions. Les grands seigneurs, ajoute-t-il philosophiquement,
» ont leurs mauvaises humeurs aussi bien que les petits. C'est un
» malheur de se trouver devant eux quand ce torrent se déborde :
» bien heureux qui n'a rien à démêler avec ces gens-là : j'en pour-
» rais bien dire davantage, mais cela suffit. » Aussi quand le 2
août 1670, le cardinal Barberini mourut, Maucroix lui composa plusieurs épitaphes peu respectueuses : j'en choisis une des quatre au
hasard.

Ci-gît un fou qui porte mitre,
Qui fit enrager son chapitre
Et son clergé diocésain.
Dieu nous garde d'un pareil maître !
Jamais homme ne fut si vain
Et n'eut aucun sujet de l'être.

Puis, débarrassé du fardeau des affaires, Maucroix reprend son humeur enjouée et railleuse et poursuit d'épigrammes singulièrement badines — il avait alors cinquante-et-un ans – les archidiacres, son frère et divers importants bourgeois de la ville, MM. Cocquebert, Maillefer et autres. Quant aux petits vers adressés aux dames, je les passe sous silence, et pour cause. Cependant, c'est à ce moment qu'il faut reporter aussi la date des ouvrages les plus sérieux de Maucroix ; il venait d'achever sa traduction des homélies de saint Jean-Chrysostôme, travail qui mérita les louanges des censeurs et du rédacteur du *Journal des Savants* ; il composa aussi sa comédie de *la Vespieri*, pièce assez amusante, et préparait son poëme des *Solitaires*, morceau d'un style élevé, digne des odes qu'il écrivait vingt ans auparavant. A cette même époque, Maucroix fut envoyé à Fontainebleau pour complimenter le coadjuteur Le Tellier, pourvu de l'archevêché de Reims, et il nous raconte dans ses mémoires que, dans la cour du château, il vit : « le roi monter dans sa calèche, madame de La Val- » lière, placée la première, le roi après, et ensuite Mme de Montespan, » tous trois sur un même siége ; » et en connaisseur il ajoute : « La » Vallière me parut fort jolie et avec plus d'embonpoint qu'on ne » me l'avait figurée. Je trouvai Mme de Montespan fort belle ; surtout » elle avait le teint admirable. » On voit que rien ne lui échappait (22 août 1671). Presque aussitôt, Maucroix rentra dans les affaires ; justement apprécié par le nouvel archevêque, il dut, bon gré mal gré, laisser un peu dormir sa muse maligne et se sevrer de son aimable cercle pour traduire, par ordre de Le Tellier, un ouvrage de Sanders sur l'état de la religion en Angleterre pendant la persécution *(Histoire du schisme en Angleterre)*; il y ajouta ensuite les *Vies* des cardinaux Polus et Campège. Puis, comme s'il eût voulu se jeter à corps perdu dans le mouvement littéraire du siècle, Maucroix, avec Patru, les pères Rapin, Bouhours et quelques autres, voire même des académiciens qui trahissaient ainsi leur compagnie alors en mal d'enfant de son formidable dictionnaire, Maucroix, dis-je, seconda vivement le Champenois Richelet dans la publication de son *Diction-naire français*, qui, vivement mené, fut fait en quelques mois et publié en 1634, à Genève, bien avant celui de l'Académie. Cet ouvrage eut du succès, mais causa de dramatiques évènements, puisque l'éditeur mourut des soucis que lui procura cette affaire, et que le libraire Benard, qui en avait introduit secrètement un certain nombre d'exemplaires à Paris, périt poignardé trois jours après.

Maucroix donna encore, en 1680, une traduction du *Traité de Lactance*, sur la mort des persécuteurs de l'Eglise, puis il se reposa un peu et se remit à faire sa cour aux dames, et principalement, comme je l'ai dit plus haut, aux filles de ses anciennes amies. Les années n'avaient, ce semble, nullement changé son cœur, car il nous dit lui-même, en 1682 :

Puisqu'il faut faire des présents
Aux belles qu'on idolâtre,
Je vous offre un cœur de vingt ans
Sur un corps de soixante-quatre.

L'année précédente, Louis XIV s'arrêta avec la cour à Reims, en se rendant dans les Ardennes ; Racine et Boileau l'accompagnaient avec le titre d'historiographes et logèrent chez M de Maucroix. J'ai lieu de croire que cette visite réveilla dans l'esprit de Maucroix le désir de revenir à Paris revoir ses anciens amis, bien qu'il y ait eu de nombreux vides faits dans leurs rangs ; du moins j'en vois presque une preuve dans l'empressement avec lequel il accepte le mandat de député du clergé à l'assemblée générale réunie à Paris pour régler les affaires de la Régale et de la Déclaration des quatre articles ; et malgré les façons qu'il crut devoir faire, il fut très-heureux d'être élu secrétaire général de l'assemblée. Il a beau écrire : « Combien » d'ambassades ! J'ai failli en être décollé, je veux dire étouffé ! Ils » me veulent faire accroire qu'ils ont fait un choix ! Il faut voir, » diable emporte, si je les crois ! *qui vult decipi decipiatur.* J'ai » quasi envie de leur dire : « Parbleu, messieurs, médecins vous-» mêmes ! » Je n'ajoute pas le moins du monde foi à ces belles exclamations, pas plus que quand il écrit à son ami, le chanoine Favard, qu'il ne songe qu'au plaisir qu'il aura à refaire avec lui quelques bons tours de préau.

C'est à ce séjour de Paris que se rapporte la correspondance de Maucroix ; ses lettres sont adressées à Favard, — qui lui répondait en petits vers, en le tenant au courant de la chronique scandaleuse de Reims, — à Mlles Isabelle et Charlotte de la Framboisière, Pingui, etc. Que le lecteur ne s'imagine pas que notre chanoine parlât beaucoup dans ses lettres des affaires auxquelles il se trouvait mêlé, heureusement non ; il conte une foule d'histoires impossibles à rapporter ici, mais des plus réjouissantes ; il recommande à Favard de bien s'acquitter de son rôle de correspondant : ‹ Si vous savez quelques pe-» tites circonstances joyeuses, » lui mande-t-il, « faites m'en part, » mais pesez bien vos mots et ne me dites rien d'incompatible avec » ma modestie ; je suis curieux, mais ne me faites pas rougir. » Dans une autre lettre au même : « Mais il est bon de vous avertir de ne » pas confier un secret à des lettres que l'on peut ouvrir. Gardez-» moi tout pour mon retour ; faites un petit, un gros registre de » divertissements ; nous examinerons tout cela à mon retour ; matière » à plusieurs tours de préau. » Puis il donne des détails sur son existence à Paris, détails qui confirment l'opinion que j'ai énoncée plus haut : « Vous croyez peut-être que je me divertis ici comme un » compère, rien de moins ! Je ne m'ennuie pas pourtant ; cette assem-» blée donne tant de connaissances ! Si on voulait passer la journée » en visites, on la passerait et doucement ; toujours nouveaux visages, » honnêtes gens d'ailleurs, surtout fort civils ; il ne s'y peut rien

» ajouter; diantre, vous me trouverez accru d'une merveilleuse dose
» d'honnêteté. »

Il était une chose, par exemple, sur laquelle M. de Maucroix se
montrait intraitable; c'était le mariage de ses amies : il avait le
mariage en horreur ; il pousse même ce sentiment à un degré qui
semble difficilement s'allier aux principes qu'il devait professer.
Ainsi un jour il écrit à Mlle Resilly — nom que l'on croit être
celui de Sillery retourné — : « Enfin vous en croirez ce qu'il vous
» plaira, mais, ma foi, célibat est plus gai que mariage. Chassez-moi
» ces hommes à sacrement, vous dis-je; les galants valent mieux que
» tout cela ; ils vous estiment, *ma cousine*, ils sentent pour vous ce
» qu'il faut sentir, ils n'espèrent rien et ne vous en demandent pas
» davantage. Une fille peut-elle être aimée à meilleur marché? Vrai-
» ment ces gens à hyménée ne vous en quitteront pas à si bon
» marché. » Avec Mlle Pingui, il est encore plus explicite quand il
apprit positivement son prochain mariage : « Mais au moins avez-
» vous bien pensé à ce que vous allez faire? Avez-vous bien songé
» aux dégoûts, aux maux de cœur qu'il faut essuyer dans le mariage?
» Penseriez-vous courir comme vous avez coutume.... ? Cependant,
» quoique ancien ennemi du mariage, je ne laisse pas de tomber
» d'accord qu'il vaut mieux se marier que de brûler; c'est à voir si
» le rôt se brûle, et, en ce cas, à y apporter le meilleur remède que
» faire se pourra. » Il termine, toutefois, en ajoutant : « un petit
» avis encore : je sais de bonne part que les maris de l'année pro-
» chaine seront, sans comparaison, meilleurs que ceux de celle-ci. »
Une autre de ses jeunes amies s'attire encore d'amers reproches.
Maucroix les voyait, en effet, avec effroi se marier, parce qu'il
sentait que sa société s'en ressentirait à son retour de Paris et qu'il
n'y trouverait plus les mêmes charmes qu'auparavant; aussi ne garde-
t-il plus de bornes quand il apprend la prochaine union de Mlle de
la Framboisière ; il ne sait plus que devenir : quatre mariages coup
sur coup! Mais c'est une épidémie, une peste qui ravage de nouveau
la ville de Reims : « Oh! pauvre célibat! tu as bien à souffrir avec
» nos *cousines*! On me mande donc qu'il y a un homme veuf qui
» vous fait les doux yeux ; ce n'est pas tout : on dit que vous les lui
» faites aussi. Est-ce ici le fruit de mes leçons? Combien de fois vous
» ai-je recommandé la modestie? Combien de fois vous ai-je dit qu'il
» fallait qu'une fille fût un glaçon par le dehors? Est-ce ainsi que vous
» profitez de mes enseignements? J'ai peur à la fin qu'elles ne tirent les
» gens par le manteau! Que vous dirai-je pour vous détourner de cet
» abîme où vous vous jetez, ma chère cousine, à corps perdu? Y êtes-
» vous résolue? Est-ce une affaire réglée? Voici ce que je vous conseille :
» envoyez quérir un notaire, qu'il vous dresse un beau et bon contrat,
» puis on vous mènera à l'église : faites bien le faux serment ordinaire,
» et puis on vous couchera, et puis vous dormirez.... si vous pouvez.
» Je n'ai d'autre avis à vous donner. » Il faut lire les épigrammes

que Maucroix écrivait en même temps mais dont je n'oserais aligner
ici les rimes, de peur de faire rougir jusqu'au prote qui en agencerait
les lettres.

Comme on le voit, Maucroix menait la vie assez douce à Paris et,
quoi qu'il en dise, non seulement ne s'ennuyait pas, mais ne se préoc-
cupait pas trop des graves affaires auxquelles il était mêlé. Sa correspondance s'occupe des femmes, des histoires scandaleuses qui auraient
amusé Tallemant des Réaux lui-même, de la littérature quelquefois,
des spectacles, de la politique et un peu de la Régale. Il travaillait
cependant, et la besogne ne lui manquait pas; outre la rédaction de
ses procès-verbaux, il y avait des séances de huit heures qui lui
semblaient « de bien rudes journées »; des commissions, des rap-
ports. Un jour, ayant été chargé de préparer les bases de la réforme
du clergé régulier, il écrit gaîment à son ami Favard : « La morale
» s'en va être secouée comme il faut, adieu la probabilité; j'ai pour
» ma part un moine sur l'assiette tous les jours. Dire que ce sera
» moi qui leur remettrai leur tête dans leur capuchon? » Dans les
mêmes lettres, Maucroix se laisse aller à un petit mouvement d'orgueil
qui me semble être un fameux péché véniel au moins : « Diantre! serais-
» je bien devenu habile sans y penser! Voici la fin, mon ami ; nous
» autres gens du deuxième ordre, nous n'avons pas le mot à dire ;
» nous avons des prélats habiles, intelligents, qui dirigent tout, et
» nous sommes là pour opiner doctement du bonnet! Sans vanité,
» je tiens là ma place aussi bien qu'un autre. Il y a pourtant, parmi
» ce second ordre, des gens terriblement savants. » (27 février 1682).
M. de Maucroix paraît cependant ne rien vouloir prendre au sérieux ;
j'en trouve un exemple bien frappant : Fatigué par sa vie de Paris,
il tomba malade au mois de mars 1682 et fut pris assez fortement
pour que l'on ait eu les plus vives inquiétudes; à peine convalescent,
il écrit à son ami, le chanoine Favard, pour le rassurer et lui dire
seulement qu'à son retour il sera bien étonné des terribles réformes
opérées en lui. — Il se remet au travail de nouveau, retombe au
mois d'août et se plaint « de cette vilaine camuse la mort, qui
» voulut encore lui donner un coup de griffes. »

L'assemblée, cependant, touchait à sa fin et M. de Maucroix,
comblé des éloges des prélats, grandi en honneur et en considération,
un peu gonflé de son importance, reprit, à la fin de 1682, le coche
de Reims et fit sa rentrée dans ce préau qu'il regrettait si vivement.
Il reprit ses occupations et travailla à de nouvelles traductions d'ouvrages religieux; puis en 1685, il fit paraître avec son ami La Fontaine, chez le libraire Barbin ; les *OEuvres de prose et poëmes des
sieurs Maucroix et de La Fontaine*, singulier mélange où l'on
trouve, à côté des poésies légères de notre immortel fabuliste, des traductions excessivement sérieuses du secrétaire général de l'assemblée
du clergé. Puis il continuait sa vie mondaine, rimant toujours, cour-
tisant ses amies, faisant sans cesse de nouvelles connaissances, sur-

tout parmi les jeunes gens que séduisaient cette humeur joviale, commençant une correspondance bel-esprit avec Mlle Serment, la muse de Quinault. Mais aussi son grand âge lui amenait de bien rudes moments ; chaque jour, il voyait s'éteindre un de ses amis : Patru, Tallemant des Réaux, Paul Pellisson. La mort de La Fontaine fut celle qui émut le plus péniblement notre chanoine, et qui semble en même temps avoir produit un salutaire effet sur son caractère réellement par trop folâtre pour un homme de sa condition. Sa dernière lettre à La Fontaine vaut la peine d'être lue et étonne de la part d'un homme que nous avons toujours vu si léger. « Si Dieu te fait la grâce de te » renvoyer la santé, » lui dit-il en terminant, « j'espère que tu » viendras passer avec moi le reste de ta vie et que souvent nous » parlerons ensemble des miséricordes de Dieu ! (14 février 1695.) » Mais La Fontaine expira quelques semaines après. A cette occasion, M. de Maucroix entra en correspondance avec Boileau, qui le consulta sur ses ouvrages et lui soumit entre autres sa traduction du *Dialogue des Orateurs*. Maucroix s'exprime très-franchement avec lui, marque au crayon les passages qu'il désapprouve et fait preuve d'une connaissance approfondie de la langue latine ; il l'entretient aussi de ses travaux, et l'une de ses lettres — qui présentent toutes beaucoup d'intérêt — parle d'une épître de Maucroix sur sa propre vie et que plusieurs de ses rivaux critiquent vivement ; notre chanoine plaide pour sa muse d'une façon très-amusante ; surtout pour ces quatre vers contre lesquels on se récriait le plus :

> Mais aujourd'hui qu'enfin la vieillesse me tue,
> Sous mes faux cheveux blonds déjà toute chenue,
> A jeté sur ma tête, avec ses doigts pesants,
> Onze lustres complets surchargés de deux ans.

« Et où la perruque lui semble assez heureusement frondée. » Ces vers sont une preuve de plus que bien souvent les poëtes préfèrent ceux de leurs vers qui sont le moins dignes de cette distinction.

Les années arrivaient rapidement sans affaiblir néanmoins les facultés de Maucroix, et il travailla jusqu'au dernier moment. Il mourut tranquillement dans sa petite maison de la rue Saint-Étienne le 9 avril 1708, et fut inhumé dans la cathédrale de Reims.

Tel fut l'homme dont j'ai voulu brièvement retracer la vie. Maucroix, comme je l'ai dit en commençant, avait un esprit vif, élégant, original ; mais n'est pas parvenu à la place dont il était digne et qu'il aurait certainement acquise, s'il ne fût pas venu se fixer en province. Le seul reproche grave que je lui ferai, c'est une légèreté d'expression, un cynisme même parfois qui tache ses poésies et sied mal surtout à son caractère de prêtre. Je sais bien qu'il en faisait beaucoup moins qu'il n'en disait, que la fin de sa vie fut très-exemplaire. Toujours est-il que je ne puis passer condamnation sur ce travers, et je crois me montrer très-indulgent en employant seulement ce mot.

Au demeurant, M. de Maucroix est bien un des membres de cette pléïade de beaux et fins esprits qui remplirent le XVIIᵉ siècle, un de ces hommes diserts, spirituels, causeurs, badins, s'inspirant souvent d'Horace, trop souvent de Rabelais, quelquefois des églogues de Virgile, et doué également d'une bonne dose d'originalité naturelle. Ses lettres respirent une aisance, une allure vive et gaillarde qui amuse et qui plaît, et ses traductions témoignent de sa faculté de travailler sérieusement et de son instruction. Il est donc tout-à-fait digne de figurer parmi ces aimables littérateurs, et la postérité doit à Maucroix de reconnaître que si son nom est venu plus facilement jusqu'à elle parce qu'il est presqu'inséparablement uni à celui de La Fontaine, il aurait eu aussi le droit d'y parvenir à plus d'un titre sans ce glorieux patronage. Mais cette étude, j'espère, aura offert un intérêt à mes lecteurs : celui de leur faire connaître un coin de la vie provinciale dans ce grand siècle où Paris était si étincelant de beaux esprits, de femmes distinguées, d'artistes éminents, qu'aucune place n'est réservée aux autres villes du royaume dans les ouvrages littéraires, et qu'il semble que déjà, comme aujourd'hui, il faille dire : hors de Paris, point de renommée ! Cette vie de province, copiée sur celle de la capitale, avait bien ses charmes, ses plaisirs, ses poëtes, ses littérateurs, ses artistes, et je serai heureux si on veut bien reconnaître avec moi qu'il ne serait pas sans fruit de retracer brièvement le rôle littéraire d'une ville au XVIIᵉ siècle, en prenant comme cadre pour ce tableau la vie de l'homme le plus éminent qui y vécut à cette époque. M. de Maucroix avait évidemment ce titre à Reims, puisque si son nom n'avait pas figuré sur la table des chanoines du chapitre métropolitain, on l'eût retrouvé sans conteste avec tous ses amis sur la liste des quarante premiers académiciens.

EDOUARD DE BARTHELEMY.

Châlons-sur-Marne. — T. Martin, imprimeur.

www.ingramcontent.com/pod-product-compliance
Lightning Source LLC
Chambersburg PA
CBHW061633050726
47595CB00007B/3199